BEI GRIN MACHT SICH IHR WISSEN BEZAHLT

AF148990

- Wir veröffentlichen Ihre Hausarbeit,
  Bachelor- und Masterarbeit

- Ihr eigenes eBook und Buch -
  weltweit in allen wichtigen Shops

- Verdienen Sie an jedem Verkauf

Jetzt bei www.GRIN.com hochladen und kostenlos publizieren

Fabian Prilasnig

Der spanisch-amerikanische Krieg des Jahres 1898. Der Kolonialkrieg der USA auf den Philippinen

GRIN Verlag

Bibliografische Information der Deutschen Nationalbibliothek:

Die Deutsche Bibliothek verzeichnet diese Publikation in der Deutschen National-
bibliografie; detaillierte bibliografische Daten sind im Internet über http://dnb.d-
nb.de/ abrufbar.

Dieses Werk sowie alle darin enthaltenen einzelnen Beiträge und Abbildungen
sind urheberrechtlich geschützt. Jede Verwertung, die nicht ausdrücklich vom
Urheberrechtsschutz zugelassen ist, bedarf der vorherigen Zustimmung des Verla-
ges. Das gilt insbesondere für Vervielfältigungen, Bearbeitungen, Übersetzungen,
Mikroverfilmungen, Auswertungen durch Datenbanken und für die Einspeicherung
und Verarbeitung in elektronische Systeme. Alle Rechte, auch die des auszugsweisen
Nachdrucks, der fotomechanischen Wiedergabe (einschließlich Mikrokopie) sowie
der Auswertung durch Datenbanken oder ähnliche Einrichtungen, vorbehalten.

Impressum:

Copyright © 2013 GRIN Verlag GmbH
Druck und Bindung: Books on Demand GmbH, Norderstedt Germany
ISBN: 978-3-656-56889-6

Dieses Buch bei GRIN:

http://www.grin.com/de/e-book/266713/der-spanisch-amerikanische-krieg-des-jahres-
1898-der-kolonialkrieg-der

GRIN - Your knowledge has value

Der GRIN Verlag publiziert seit 1998 wissenschaftliche Arbeiten von Studenten, Hochschullehrern und anderen Akademikern als eBook und gedrucktes Buch. Die Verlagswebsite www.grin.com ist die ideale Plattform zur Veröffentlichung von Hausarbeiten, Abschlussarbeiten, wissenschaftlichen Aufsätzen, Dissertationen und Fachbüchern.

Besuchen Sie uns im Internet:

http://www.grin.com/

http://www.facebook.com/grincom

http://www.twitter.com/grin_com

Der Spanisch-Amerikanische Krieg im Jahre 1898

Der Kolonialkrieg der USA auf den Philippinen

Überblick:

Der **Spanisch-Amerikanische Krieg** (*Splendid Little War*) war eine militärische Auseinandersetzung zwischen den Vereinigten Staaten von Amerika und dem Königreich Spanien von April bis August 1898. Er endete mit der Besetzung Kubas, Puerto Ricos, Guams und der Philippinen durch die USA und für Spanien mit dem Verlust seiner letzten bedeutsamen Kolonien. Dieser Krieg steht unter anderem für den Anfang einer Politik der Vereinigten Staaten von Amerika, ihre Interessensgebiete über das nordamerikanische Festland hinaus auszuweiten. Gegen Ende des 19. Jahrhunderts befand sich das spanische Kolonialreich in Auflösung und auch die Beziehungen zwischen Washington und Madrid verschlechterten sich laufend: Die USA sahen ihre wirtschaftlichen und strategischen Interessen vor allem in der Karibik gefährdet, außerdem bewirkten die harten Repressionsmaßnahmen der spanischen Kolonialmacht gegen die kubanische Unabhängigkeitsbewegung, vor allem durch die durchgeführte Zwangsumsiedlung ganzer Bevölkerungsteile in Kuba (im Spanischen als *reconcentrado* bezeichnet) heftige Kritik seitens der amerikanischen Öffentlichkeit.[1]

Angesichts der Politik der USA in den zurückliegenden Jahrzehnten liefen im Jahre 1898 viele Entwicklungsstränge zusammen, die den amerikanischen Aufstieg zur Weltmacht manifest machten. So waren Kuba und Puerto Rico zwei der letzten Bastionen des einst weltumspannenden spanischen Kolonialreiches, jedoch war die ökonomische und politische Situation auf Kuba im Laufe der 1890er Jahre durch kubanische Aufstände und spanischen Unterdrückungsmaßnahmen immer unerträglicher geworden. Wirtschaftliche Probleme sowie die Unfähigkeit und Unwilligkeit der spanischen Kolonialverwaltung führten 1895 zu einem erneuten Aufstand in Kuba, der die spanische Kolonialmacht an die Grenzen ihrer wirtschaftlichen Leistungsfähigkeit brachte. Da die amerikanische Wirtschaft eng mit der kubanischen verflochten war, behinderten die stattfindenden Kämpfe weitere Investitionen und schmälerten mögliche Gewinnperspektiven. Außerdem schien der asiatische Markt für die USA immer verlockender zu werden, wobei die Philippinen von hohem strategischem Wert waren, weil die Hauptstadt Manila unter der spanischen Kolonialmacht zu einer Drehscheibe des Handels zwischen Ostasien und Amerika geworden war.[2]

Wegen einer Revolte spanischer Truppen in Havanna gegen die neue, moderate Autonomiepolitik für Kuba im Januar 1898 entsandte die US-Regierung das Schlachtschiff

---

[1] Vgl. Schumacher, Kolonialkrieg auf den Philippinen, S. 109.
[2] Vgl. Dippel, Geschichte der USA, S. 74.

USS Maine als Geste der Stärke in den Hafen von Havanna und ließ gleichzeitig die US-Flotte für eine Blockade der Insel zusammenziehen, um die spanischen Kolonialtruppen vom Nachschub abzuschneiden und weitere Truppenverstärkungen zu unterbinden. Um Provokationen zu vermeiden, verbot der Kommandant der *USS Maine* seiner Besatzung, an Land zu gehen. Mitte Februar 1898 kam es auf dem Schiff zu einer verheerenden Explosion, bei der 266 Seeleute den Tod fanden, das zu einer Empörung der amerikanischen Öffentlichkeit führte. Als Reaktion beschuldigte die Regierung der USA die Spanier, einen Angriff verübt zu haben.[3] Diese Spannungen führten zum Krieg zwischen beiden Ländern, der nur knapp vier Monate dauerte.[4]

Dieser sog. *Splendid Little War* besiegelte das Ende der spanischen Kolonialherrschaft, wobei sich die Kampfhandlungen nicht nur auf die Anlandung von US-Truppen in Kuba und Puerto Rico beschränkten, sondern auch Marineoperationen gegen spanische Flottenstützpunkte im Pazifik umfassten, wobei am 1. Mai 1898 die spanische Flotte in der Bucht von Manila, der Hauptstadt der Philippinen, versenkt wurde.[5]

Am 19. April 1898 verabschiedeten der Kongress und der Senat gemeinsam eine Resolution, in welcher der Abzug Spaniens aus Kuba gefordert wurde und die den Präsidenten *William McKinley* autorisierte, alle militärischen Mittel zur Sicherung der Unabhängigkeit von Kuba einzusetzen. Das nach Senator *Henry M. Teller* benannte *Teller-Amendment* ergänzte den Beschluss durch die Bedingung, dass die USA von einer Annexion von Kuba Abstand halten sollte. Am 25. April erfolgte die offizielle Kriegserklärung an Spanien, worauf jener „glänzende kleine Krieg" ausbrach, der schon nach 133 Tagen zu Ende war, obwohl die USA kaum für ihn gerüstet war. Die reguläre Armee zählte nur 28.000 Mann, doch hatten sich 1 Million Freiwillige gemeldet, wobei ein Viertel der amerikanischen Kriegstruppen Schwarze waren, deren Einsatz trotz dauernder Diskriminierung seitens der Weißen von kriegsentscheidender Bedeutung wurde. Der Krieg wurde zwar auf den Philippinen begonnen, jedoch hatte man auf Kuba bald die spanische Flotte festgesetzt und Ende Juni mit der Invasion begonnen, die bereits nach wenigen Wochen mit der Versenkung der spanischen Flotte beendet war, sodass am 12. August in Washington die vorläufigen Friedensbedingungen unterzeichnet werden konnten.[6]

Nach der Niederlage in der Karibik war auch auf den Philippinen die Lage der spanischen Truppen aussichtslos. Die Garnison in Manila vereinbarte deshalb mit dem Oberbefehlshaber der US-Truppen die Kapitulation, weil sich die Spanier lieber den Amerikanern als den Einheimischen ergaben, denn sie fürchteten deren Rache wegen der vorangegangenen kolonialen Unterdrückung. Während des Krieges versuchte das Deutsche

---

[3] Vgl. Fisher, Destruction of the *Maine*, S. 1 (Online-Version).
[4] Siehe Schoonover, Uncle Sam's War of 1898 and the Origins of Globalization. Lexington 2003.
[5] Vgl. Schumacher, Kolonialkrieg auf den Philippinen, S. 109.
[6] Vgl. Dippel, Geschichte der USA, S. 75.

Reich, europäische Mächte für ein Eingreifen auf der Seite Spaniens zu gewinnen, da der deutsche Kaiser *Wilhelm II.* im Jahr 1898 Anspruch auf Manila erhob. Daher kam es zu Provokationen der deutschen Kriegsmarine gegen US-Kriegsschiffe in der Bucht von Manila sowie deutschen Waffenlieferungen an spanische Truppen. Nach Drohungen der US-Navy zogen sich die deutschen Kriegsschiffe von den Philippinen zurück. Das Kriegsende erfolgte mit der Unterzeichnung des sog. Vorfriedensprotokolls unter Vermittlung des französischen Botschafters *Jules Cambon* in Washington am 12. August 1898. Daraufhin wurde Manila am 13. August von der US-Armee besetzt.[7]

Das Königreich Spanien musste im *Pariser Frieden* vom Dezember 1898 sowohl Puerto Rico (inklusive der Spanischen Jungferninseln), Guam als auch die Philippinen an die Vereinigten Staaten von Amerika abtreten und erhielt dafür von den USA eine Entschädigungssumme von 20 Millionen US-Dollar. Kuba wurde, wie im sog. *Teller-Amendment* festgelegt, im Jahre 1902 formal unabhängig, blieb aber zunächst unter US-Militärverwaltung. Spanien erhielt außerdem für zehn Jahre die Erlaubnis, philippinische Häfen mit Schiffen anzulaufen und Handel zu denselben Konditionen wie die USA zu betreiben.[8]

Der Krieg auf den Philippinen:

Der Kolonialkrieg der USA auf den Philippinen kann als eine direkte Folge des Spanisch-Amerikanischen Krieges gesehen werden. Bereits seit dem Jahre 1896 war es durch die philippinische *Unabhängigkeitsbewegung* zur Erhebung gegen die spanischen Kolonialherrn gekommen, deren Gallionsfigur *Emilio Aguinaldo* war, der im Juni 1898 die Philippinen für unabhängig erklärte. Die Streitkräfte der USA konnten in Zusammenarbeit mit der Unabhängigkeitsbewegung der spanischen Herrschaft im Jahre 1898 ein Ende setzen. Im Frühjahr des darauffolgenden Jahres kam es zur Gründung der ersten philippinischen Republik, welche jedoch von der US-Regierung ignoriert wurde. „Während der provisorischen Regierung der Philippinen die Anerkennung durch die USA versagt blieb, erreichten auch die Beziehungen zwischen den inzwischen angelandeten US-Truppen und der Armee der Unabhängigkeitsbewegung den Nullpunkt."[9]

Am 4. Februar 1899 führte eine Schießerei zwischen US-Soldaten und Filipinos zum *Philippinisch-Amerikanischen Krieg*, welcher bis zum Jahre 1913 andauern sollte, wobei der Kriegsverlauf in drei Phasen unterteilt werden kann. Die erste Phase, die bis November 1899 andauerte, war geprägt von offenen Feldschlachten auf der Hauptinsel Luzon. Obwohl die Filipinos durch Mangel an militärischer Ausbildung und Material enorme Verluste erlitten, waren Aguinaldo und seine Kommandeure nicht dazu bereit, auf eine Guerillakriegsführung überzugehen, da er befürchtete, dass die mit der Guerillataktik einhergehende

---

[7] http://de.wikipedia.org/wiki/Spanisch-Amerikanischer_Krieg (Zugriff: 11.08.2013).
[8] Vgl. Schumacher, Kolonialkrieg auf den Philippinen, S. 110.
[9] Ebd., S. 110.

Dezentralisierung der politischen Kontrolle auch die Machtbasis seiner Regierung gefährden könnte. Die an Ausbildung und Ausrüstung überlegenen US-Truppen konnten Malolos, das durch die provisorische Regierung zur Hauptstadt ernannt wurde, besetzen, jedoch konnte Aguinaldo fliehen. Aufgrund weiterer Schwächungen der Widerstandsbewegung blieb ihn nichts anderes übrig, im November 1899 die Auflösung der regulären Streitkräfte anzuordnen und zum Guerillakrieg überzugehen, was die zweite Phase des Krieges einleitete.[10]

Die Filipinos vermieden nun den offenen Kampf und konnten durch regelmäßige Angriffe aus dem Hinterhalt erhöhten Druck auf die US-Truppen ausüben. Diese neue Strategie neutralisierte zunächst die taktische Überlegenheit der inzwischen auf 70.000 Mann angewachsenen US-Truppen und zielte auch darauf ab, die Stimmung der Bevölkerung in den USA aufgrund der anstehenden Präsidentschaftswahlen im November 1900 zu beeinflussen. Die Amerikaner reagierten mit einer Doppelstrategie, die auf dem Prinzip "Zuckerbrot und Peitsche" aufgebaut war. Die philippinische Bevölkerung sollte durch sozialtechnische Steuerungsmaßnahmen von den positiven Absichten der USA überzeugt werden, dazu zählte die Schaffung einer medizinischen Infrastruktur, die Verbesserung der öffentlichen Gesundheitsvorsorge, die Einrichtung von Schulen sowie Straßen- und Kanalbau. Währenddessen war man im Hintergrund zur Errichtung von Stützpunkten und Militärgarnisonen bestrebt, welche das gesamte Land nach Guerilleros durchkämmten. Nach der Wiederwahl des republikanischen Präsidenten McKinley wurde über weite Teile der Philippinen das Kriegsrecht verhängt, es kam zur Verwüstung ganzer Provinzen, um die Unabhängigkeitsbewegung von ihrer Ernährungsbasis abzuschneiden. Außerdem begann man mit einer Zwangsumsiedlung der Zivilbevölkerung in sogenannte Konzentrationszonen, daraufhin gaben Aguinaldo und viele seiner Kommandeure auf. Nachdem die Unabhängigkeitsbewegung erfolgreich von der Unterstützung der Zivilbevölkerung isoliert wurde, legten die Filipinos ihre Waffen nieder und der Krieg wurde am 4. Juli 1902 offiziell beendet.[11]

Während dieser zweiten Phase des Krieges drangen auch viele Berichte von Fehlverhalten amerikanischer Soldaten an die Öffentlichkeit. Die Tageszeitungen berichteten von Gefangenenerschießungen, den Einsatz von Folter und der Entvölkerung ganzer Landstriche. Ab Januar 1902 befasste sich der Senatsausschuss mit dem Verhalten der US-Soldaten und es kamen noch mehr unschöne Details an die Öffentlichkeit. Die Kriegsbefürworter unter den Senatoren entschuldigten die Fehlverhalten der Soldaten, indem sie auf die degenerativen Einflüsse einer solch unzivilisierten Umwelt und die Brutalität des barbarischen Gegners aufmerksam machten. In Militärprozessen wurden die Angeklagten meist freigesprochen oder begnadigt, da man auf der Regierungsseite zu der Ansicht kam,

---

[10] Vgl. Schumacher, Kolonialkrieg auf den Philippinen, S. 110f.
[11] Vgl. ebd., S. 111f.

4

dass die Standards des sich entwickelnden Kriegsvölkerrechts in dieser Situation auf den Philippinen nur bedingt anwendbar seien.

Auch wenn der Krieg im Sommer 1902 offiziell für beendet erklärt wurde, dauerten die Kampfhandlungen inoffiziell noch ein ganzes Jahrzehnt unbehelligt von der amerikanischen Öffentlichkeit an. Nachdem große Teile der Unabhängigkeitsbewegung zerschlagen waren, kämpfte die US-Armee in dieser dritten Phase des Krieges in verschiedenen Landesteilen gegen nun ehemalige Truppen der Unabhängigkeitsbewegung unter Führung des selbsternannten Präsidenten *Macario Sakay*, gegen die religiöse Bewegung der *Pulahanes* und gegen die muslimische Bevölkerung im Süden der Insel, die sich der Kolonisierung widersetzte. Erneut griffen die US-Truppen auf das altbewährte „Zuckerbrot und Peitsche"-Prinzip zurück, wobei die Gewichtung jederzeit den herrschenden Bedingungen und momentanen Herausforderungen angepasst werden konnte. Bereits 1899 bezeichnete die US-Regierung die philippinische Widerstandsbewegung als „Aufstand" gegen eine legitime Ordnung und im November 1902 wurde mit dem *Brigandage Act* die Grundlage geschaffen, auch den verbliebenen Widerstand und seine Kämpfer als Banditen zu kriminalisieren. Des Weiteren wurde die nachträglich juristisch legitimierte Praxis der Zwangsumsiedlungen ebenfalls weitergeführt und sogar ausgebaut.[12]

Während die Truppen Sakays im Jahre 1905 in die Knie gezwungen werden konnten und die Pulahanes zwei Jahre danach besiegt wurden, dauerte der Widerstand der muslimischen Bevölkerung (auch Moros genannt) in den südlichen Landesteilen bis zum Jahre 1913 an. Ihnen wurde zunächst im Vertrag von Bates des Jahres 1899 durch die US-Regierung zwar weitgehende Eigenständigkeit zugesichert, da aber die Gefahr eines Zweifrontenkrieges nach 1902 beseitigt war, kündigte die Kolonialregierung den Bates-Vertrag. Folglich wurden die südlichen Philippinen in den amerikanischen Herrschaftsbereich eingegliedert und man fokussierte sich auf die Bekämpfung der muslimischen Widerstandkämpfer, die zumeist mit Schwertern bewaffnet waren. Aufgrund der Erfahrungen aus den Indianerkriegen wurde eine große Anzahl kolonialer Hilfstruppen herangezogen, wobei vor allem die Zivilbevölkerung zum legitimen Ziel militärischer Operationen erklärt wurde. Im Januar 1913 konnte der organisierte Widerstand der Moros beendet werden und der letzte Sultan von Sulu verzichtete im Carpenter-Vertrag von 1915 auf jegliche politische Herrschaftsansprüche.[13]

Das Gesicht des Krieges:

Im Herbst des Jahres 1900 erreichten die US-Truppen mit fast 70.000 Mann ihren Höchststand, wobei davon 30.000 Soldaten Freiwilligenverbände und ca. 2.000 Mann kolonialen Hilfstruppen angehörten. Ab dem Frühjahr 1902 sank die Zahl der US-Verbände kontinuierlich, bis sie sich bei etwa 14.000 Soldaten einpendelte, die durch koloniale

---

[12] Vgl. Schumacher, Kolonialkrieg auf den Philippinen, S. 112f.
[13] Vgl. ebd., S. 113f.

5

Hilfstruppen unter US-Kommando ergänzt wurden. Der Großteil der US-Soldaten war jung, weiß und schlecht ausgebildet, die den Krieg als eine Möglichkeit des Ausbruchs aus der vermeintlichen Enge des zivilen Alltags sahen. Neben den weißen Truppen gab es auch eine Reihe von afroamerikanischen Regimentern, die immerhin mehr als 6.000 Soldaten stellten. Viele schwarze US-Soldaten sahen sich ständiger Diskriminierung und rassistischer Anwürfe von Seiten der weißen Kameraden ausgesetzt, was die philippinische Propaganda ausnutze, um afroamerikanische Soldaten unter Hinweis auf den virulenten Rassismus in den USA zur Aufgabe zu bewegen. „Die meisten Soldaten ertrugen ihre Zweifel an der Legitimität des Krieges und verrichteten ihren Dienst trotz aller rassistischen Anwürfe und Diskriminierungen in der Hoffnung, durch Patriotismus an der Front die Position der schwarzen Bevölkerung in den USA durch Achtungserfolge zu verbessern."[14]

Trotz dieser Loyalitätsbekundungen wurde ihre Zuverlässigkeit wiederholt in Frage gestellt, bis die afroamerikanischen Regimenter schließlich vor Ablauf ihrer Dienstzeit aus den Philippinen in die USA zurückverlegt wurden. Neben afroamerikanischen Regimentern, die dauerhaften rassistischen Anfeindungen ausgesetzt waren, wurden auch indigene Hilfstruppen im Krieg eingesetzt. Obwohl die Bewaffnung der indigenen Truppen anfangs sehr umstritten war, weiteten die US-Streitkräfte den Einsatz dieser Truppen aus, da sich die Hoffnung auf einen schnellen Sieg zerschlug. Aufgrund der wegfallenden Transportkosten, und geringerer Kosten hinsichtlich der medizinischen Versorgung, Sold und Verpflegung waren koloniale Hilfstruppen langfristig die günstigere Alternative. Bis zum ersten Weltkrieg besaßen diese eine Truppenstärke von ca. 7.000 Mann und diese Hilfsverbände ermöglichten der nach 1902 schrittweisen Reduktion der US-Truppen die Durchführung von Kampfhandlungen gegen die Pulahanes und Moros, in einem Feldzug, der vor allem von kolonialen Hilfstruppen geführt wurde und in dem Zivilisten zu legitimen Zielen erklärt wurden.[15]

Über die Militäreinheiten der philippinischen Unabhängigkeitsbewegung ist im Gegensatz zu den US-Verbänden bis heute nur äußerst wenig bekannt. „Aguinaldo und seine Befehlshaber ernannten führende Landbesitzer vor allem unter politischen Gesichtspunkten zu Kommandeuren, die dann ihrerseits, wie in feudalen Herrschaftssystemen üblich, Landarbeiter und Bauern der eigenen Güter als Truppenverbände bereitstellten."[16]

Das wohl größte Problem der US-Streitkräfte war die Beziehung zur indigenen Bevölkerung, die durch eine Mischung aus Verachtung, Neugier und Eigennutz gekennzeichnet war. Daher entwickelten die US-Militärs einen strategischen Doppelansatz aus Verlockung und Bestrafung und somit wurde die Zivilbevölkerung in den Mittelpunkt der militärischen Operationen gerückt. Nachdem aber die sozialtechnischen Steuerungsmaßnahmen nicht zur

---

[14] Schumacher, Kolonialkrieg auf den Philippinen, S. 117.
[15] Vgl. ebd., S. 115-119.
[16] Ebd., S. 120.

erhofften Aufgabe des philippinischen Widerstandes führten, wurden die landwirtschaftlichen Grundlagen ganzer Landstriche systematisch zerstört und die überlebende Bevölkerung in sog. Konzentrationszonen zwangsumgesiedelt. Zeitgleich kamen in der amerikanischen Öffentlichkeit trotz strenger Militärzensur immer häufiger Berichte über die brutale Vorgehensweise der US-Soldaten gegenüber den Filipinos ans Licht, sodass sich schließlich sogar ein Senatsausschuss von Januar 1902 an mit der Vorgangsweise der US-Truppen auf den Philippinen befasste. Trotzdem wurde die US-Armee von systematischen Verfehlungen freigesprochen, da sie ja mit der „Brutalität eines als barbarisch bezeichneten Gegners" und den angeblich „degenerativen Einflüssen einer unzivilisierten Umwelt" konfrontiert waren.[17] Dies setzte sich auch in der Folgezeit während der sog. „Moro-Kriege" fort, die von 1903 bis 1913 dauerten. Zunächst wurde der muslimischen Bevölkerung im Süden des Landes, die sich bereits der Herrschaft durch die spanische Kolonialmacht entzogen hatten, kulturelle Freiheiten sowie den feudalen Herrschern weitgehende Unabhängigkeit durch die US-Militärverwaltung zugesichert, jedoch gleich nach der Unterwerfung der Unabhängigkeitsbewegung im Jahre 1902 wurden diese Zusicherungen aufgekündigt. „Trotz der ausgeprägten Asymmetrie dieses Feldzuges kämpften die Moros beharrlich gegen alle Versuche der US-Armee, die Kontrolle über diesen Landesteil abzusichern."[18] Um den Sieg über die Moros zu erringen, wurde die gleiche Taktik eingesetzt, die bereits zum Sieg über die philippinische Unabhängigkeitsbewegung geführt hatte. Sie wurden in Konzentrationszonen umgesiedelt, während die gesamte Provinz nach Waffen und Widerstandsnestern durchkämmt wurde. Um psychologisch Druck auf die Bevölkerung auszuüben, wurden tote Moro-Krieger öffentlich mit Schweinekadavern begraben oder man hüllte die Leichen in Schweinehäute.[19]

Es dauerte fast ein Jahrzehnt, bis die US-Armee den Süden des Landes unter ihre Kontrolle bringen konnte, und gleichzeitig war auch ein deutliches Sinken des öffentlichen Interesses an diesem Krieg zu verzeichnen. Eine letzte Debatte über das Fehlverhalten amerikanischer Soldaten flammte auf, als 800 bis 900 Moros, darunter Frauen und Kinder, im Zuge einer Strafexpedition im März 1906 ums Leben kamen. *Leonard Wood*, welcher das Kommando über diese Strafexpedition hatte, versicherte, dass kein Mensch vorsätzlich getötet wurde und entschuldigte dieses Massaker, indem er darauf hinwies, dass Moros religiöse Fanatiker seien, die sich durch ihren Tod einen Platz im Paradies erhoffen. Die Frauen waren gekleidet wie Männer und waren aufgrund dessen nicht von ihnen zu unterscheiden. Zu der Tötung von Kindern kam es laut Wood, weil diese von vielen Männern als menschliches Schild genutzt wurden, während sie auf die US-Truppen losstürmten. Leonard Wood wurde

---

[17] Vgl. Schumacher, Kolonialkrieg auf den Philippinen, S. 121ff.
[18] Ebd., S. 125.
[19] Vgl. ebd., S. 124f.

daraufhin zum Oberbefehlshaber der US-Streitkräfte auf den Philippinen befördert, während Präsident Roosevelt die Verdienste der Soldaten in dieser Schlacht ausdrücklich würdigte.[20]

Kriegsdeutungen:

Der Krieg wurde anfangs von vielen Amerikanern als positiv wahrgenommen. Es gab viele Freiwilligenmeldungen für den Militärdienst auf den Philippinen, denn „nach ihrer Einschätzung konnte dieser nationale Konflikt zur Versöhnung der ehemaligen Bürgerkriegsparteien der sog. Nord- und Südstaaten beitragen und zugleich die als negativ empfundenen Begleiterscheinungen des Modernisierungsdrucks lindern. Vor allem in den Männlichkeitsdiskursen der Jahrhundertwende spielte die Vorstellung von der heilenden und stärkenden Kraft des Krieges als neuer *frontier* eine zentrale Rolle"[21].

So begründete der Wortführer der Imperialisten im Senat, der Republikaner *Albert Beveridge*, die Kolonialherrschaft auf den Philippinen dreifach; erstens mit dem göttlichen Auftrag der USA, die sog. Zivilisation auszubreiten, da die Filipinos zur Selbstregierung nicht fähig seien, zweitens mit den Handelsvorteilen, die der pazifische Raum in Zukunft bietet, und drittens mit dem militärstrategischen Vorteil einer Herrschaft auf den Philippinen im Wettlauf mit anderen Kolonialmächten um die Vormachtstellung im Pazifik.[22]

Dennoch gab es viele Debatten über die Sinnhaftigkeit dieser überseeischen Expansion, da Kritiker des Kolonialismus die Fundamente der politischen Kultur in den USA, die sich immerhin auf antikoloniale Traditionen stützten, unterminiert sahen. Der Verlauf des Krieges brachte vor allem eine rassistische Stereotypisierung des Gegners mit sich. Einerseits war der Krieg in erster Linie eine Zivilisierungsmission, andererseits aber auch ein Erziehungsauftrag. Vor allem Kriegsbefürworter versuchten den Krieg derart darzustellen, indem die Filipinos entweder als barbarisch, animalisch, gnadenlos und grausam beschrieben oder als unvernünftige Kinder bezeichnet wurden.[23]

Die minderwertige Darstellung der Filipinos spiegelt sich auch in vielen Tagebuchaufzeichnungen amerikanischer Soldaten und Offiziere wider. Nicht selten wurden Kriegshandlungen mit Jagdsport verglichen als Ausdruck der im Kolonialisierungsdiskurs oft vorkommenden Dehumanisierung des Gegners. So berichtete ein US-Soldat, dass das Töten der Filipinos „(...) more fun than a turkey shot" sei, während ein anderer seiner Familie schrieb: „However, we did not mind a bit, our fighting blood was up and we wanted to kill ‚niggers'. This shooting human beings is a ‚hot game' and beats rabbit hunting to pieces."

Der Hass auf die Filipinos steigerte sich noch, als sie zur Guerillataktik übergingen, und die Praxis der Gefangenenerschießungen wurde von den Soldaten offen zugegeben; z.B.

---

[20] Vgl. Schumacher, Kolonialkrieg auf den Philippinen, S. 125ff.
[21] Ebd., S. 128.
[22] Vgl. Adams, USA vor 1900, S. 130f.
[23] Vgl. Schumacher, Kolonialkrieg auf den Philippinen, S. 128ff.

schrieb ein Unteroffizier an seine Familie: „I am probably growing hard-hearted for I am in my glory when I can sight my gun on some dark skin and pull the trigger." Ein Soldat aus einem Freiwilligenregiment meinte sogar, dass „the boys will say that no cruelty is too severe for these brainless monkeys (...)".[24]

In der Folge wurde jegliche Unterscheidung zwischen Kämpfern und Zivilisten bedeutungslos, wobei ein hoher Prozentsatz der Offiziere und Mannschaften der regulären Streitkräfte bereits im amerikanischen Westen gegen Indianer gekämpft hatte, weswegen die Filipinos ständig mit den Indianern verglichen wurden. *Theodore Roosevelt* erinnerte die Bevölkerung immer wieder daran, dass dies nicht der erste Krieg mit zivilisatorischem Auftrag sei. „Vor allem während der militärischen Eroberung der südlichen Philippinen in den Jahren 1902 bis 1913 erfreuten sich die Analogien zwischen den Filipinos und den besiegten Stämmen des amerikanischen Westens großer Popularität."[25]

Unter den Kriegsgegnern stach vor allem die *American Anti-Imperialist League* heraus, die 1898 gegründet wurde und sich gegen eine Annektierung der Philippinen aussprach. Die Kriegsgegner, bei denen ebenso rassistisch motivierte Vorbehalte auch weit verbreitete Einstellungen widerspiegelten, befürchteten den zu erwartenden „degenerativen Einfluss des kolonialen Abenteuers" auf die amerikanische Gesellschaft und prangerten vor allem die ausgeprägte Terrorisierung der Zivilbevölkerung an, die immer wieder in Kontrast zu dem sich entwickelnden Kriegsvölkerrecht gesetzt wurde. So schlug der Schriftsteller *Mark Twain*, einer der berühmtesten Mitglieder dieser Organisation, aufgrund der vielen Foltervorwürfe gegen US-Soldaten vor, die amerikanische Flagge durch eine Piratenflagge mit Totenkopf zu ersetzen. Die Bestrafungsfeldzüge gegen die Filipinos wurden von Kriegsbefürwortern gerne mit dem zeitgleich stattfindenden Burenkrieg und dem britischen Verhalten in Südafrika verglichen. So war z.B. in der *Washington Post* zu lesen, dass die Verfehlungen der Soldaten kein spezifisches Problem der US-Kriegsführung seien, sondern unvermeidbar seien, wenn eine höhere Zivilisation gegen Barbaren kämpfe. Man entschuldigte es damit, indem man darauf verwies, dass "die Briten ja das selbe in Afrika machen". Trotz gelegentlicher öffentlicher Entrüstungen über Massaker an der Zivilbevölkerung während des Krieges, wurde dieser Krieg von der US-Bevölkerung sehr homogen gedeutet. Die Gründe hierfür sind zum einen die geografische Distanz der Philippinen in Verbindung mit der mangelhaften Informationspolitik über den Krieg, die durch die rigide Militärzensur noch verschärft wurde und somit das Interesse der Öffentlichkeit verblasen ließ, und zum anderen wurde die Debatte über die philippinischen Anliegen im Zuge der gesellschaftlichen Auseinandersetzung über den außenpolitischen Kurs des Landes nur ein Randthema, da sich das öffentliche Interesse auf andere Themengebiete richtete.[26] „Doch während sich die

---

[24] Miller, American Soldier, S. 13-34, zit. nach Schumacher, Kolonialkrieg auf den Philippinen, S. 132.
[25] Schumacher, Kolonialkrieg auf den Philippinen, S. 133.
[26] Vgl. ebd., S. 134ff.

Befürworter auf eine breite öffentliche Begeisterung für den Aufstieg des Landes zur Weltmacht stützen konnten, sahen sich die Gegner dauerhaft dem Verdacht des mangelnden Patriotismus ausgesetzt."[27]

Opferbilanz:

Von 1899 an kämpften mehr als 125.000 amerikanische Soldaten auf den Philippinen. Bis 1902 gab es rund 4.200 Tote und 3.500 Verletzte auf Seiten der USA. Auf philippinischer Seite wurden im gleichen Zeitraum mindestens 20.000 Soldaten getötet. Bei den Opfern unter der Zivilbevölkerung geht man von 250.000 bis 750.000 Toten aus, was 10% der damaligen Bevölkerungsanzahl entspricht.[28]

Literatur

- Adams, Willi P.: Die USA vor 1900 (=Oldenbourg Grundriß der Geschichte, 28). München 2000.
- Dippel, Horst: Geschichte der USA. München 2007.
- Fisher, Louis: Destruction of the *Maine* (1898). Law Library of Congress 2009 (Abrufbar unter http://loc.gov/law/help/usconlaw/pdf/Maine.1898.pdf).
- Miller, Stuart Creighton: The American Soldier and the Conquest of the Philippines. In: Stanley Peter W. (Hg.), Reappraising an Empire. New Perspectives on Philippine-American History. Cambridge, MA 1984, S. 13-34.
- Schumacher, Frank: „Niederbrennen, plündern und töten sollt ihr". Der Kolonialkrieg der USA auf den Philippinen (1899-1913). In: Klein Thoralf / Schumacher Frank (Hgg.), Kolonialkriege. Militärische Gewalt im Zeichen des Imperialismus. Hamburg 2006, S. 109-144.
- Schoonover, Thomas D.: Uncle Sam's War of 1898 and the Origins of Globalization. Lexington 2003.
- Wikipedia (http://de.wikipedia.org/wiki/Spanisch-Amerikanischer_Krieg).

---

[27]Schumacher, Kolonialkrieg auf den Philippinen, S. 136.
[28] Vgl. ebd., S. 114.